9FJ26391

NOTICE BIOGRAPHIQUE

SUR

M. L'ABBÉ CÉNÉRIC MOULINET

Curé de Douillet-le-Joly

PAR

M. Robert TRIGER

LE MANS

IMPRIMERIE-LIBRAIRIE LEGUICHEUX ET Cie

15, RUE MARCHANDE, ET RUE BOURGEOISE, 16

—

1887

NOTICE BIOGRAPHIQUE

SUR

M. L'ABBÉ CÉNÉRIC MOULINET

Curé de Douillet-le-Joly

Aux différentes époques de son histoire, l'Eglise du Mans, par un privilège commun à l'Eglise catholique tout entière, a toujours compté dans les rangs de son clergé de saints prêtres et de courageux pasteurs qui ont cultivé, avec un zèle ardent et un dévouement sans bornes, les pieux enseignements apportés de Rome par saint Julien. De nos jours encore, malgré les progrès de l'égoïsme ou de l'indifférence, la source des dévouements ne tarit pas dans les populations chrétiennes du Maine, et le diocèse du Mans, fidèle à ses traditions, continue de donner à l'Eglise et à la France de bons serviteurs, dont les mérites ne le cèdent en rien à ceux de leurs devanciers.

C'est à un de ces modestes serviteurs, pasteur vénéré d'une simple paroisse rurale, que nous venons rendre un dernier hommage. Tombé sur le champ de bataille, victime de son devoir, épuisé par les fatigues du ministère, il est bien juste de lui donner au moins le salut d'adieu, et de retracer en quelques lignes une vie d'abnégation et de travail, exclusivement consacrée à la gloire de Dieu et au service du prochain. Ce sera d'ailleurs une occasion de révéler, une fois de plus, quels trésors cachés de vertus et de dévouements on rencontre souvent chez ces humbles curés de campagne, qu'on ne craint pas aujourd'hui de calomnier, bien qu'ils soient sortis pour la plupart du peuple lui-même, et qu'ils restent toujours, malgré tout, ses amis les plus fidèles et les plus désintéressés.

I

M. Cénéric-François Moulinet naquit le 7 mai 1825, à Vouvray-sur-Loir, d'une famille chrétienne dont la culture de la vigne formait la principale ressource ; il fut baptisé le lendemain 8 mai, par M. l'abbé Hervé, curé de la paroisse.

Dès l'âge de quatre ans il eût le malheur de perdre son père, au moment où M. Julien Moulinet, qui, à défaut d'instituteur, se plaisait parfois à instruire les enfants du village, aurait pu commencer l'instruction de son fils. Heureusement les soins dévoués de sa mère et d'un oncle excellent, pour lequel M Cénéric Moulinet conservera toujours une profonde vénération, purent suppléer, dans une certaine mesure, à la perte cruelle qui l'avait frappé. Sa première enfance s'écoula donc paisible et heureuse, au milieu de ces riches paysages de la vallée du Loir, dont les aspects si pittoresques et si variés lui laissèrent jusqu'à sa mort des souvenirs enchanteurs.

Mais bientôt se révélèrent chez le jeune Moulinet des goûts très prononcés pour l'étude, en même temps qu'une piété vive et sincère. Lorsque la mère voulait l'envoyer jouer où travailler à la vigne avec son frère, qu'il aimait beaucoup cependant, il répondait en pleurant « qu'il ne savait bêcher », et réclamait ses livres avec insistance. Frappé de telles dispositions, M. l'abbé Godeheult, nommé curé de Vouvray vers 1832, ne tarda pas à s'intéresser à l'enfant et à découvrir en lui les germes d'une vocation sérieuse. Quelques années plus tard, il prenait en mains son éducation, et, non content de l'envoyer dans la journée au collège de Château-du-Loir, il lui donnait chaque soir, à son retour, des leçons de latin. D'un caractère doux et réfléchi, le jeune élève répondit aux soins de l'excellent prêtre par un redoublement d'efforts et de piété. Vers la fin de 1839, il quitta Vouvray qui ne pouvait désormais lui offrir de ressources suffisantes, et vint terminer ses études au collège de Courdemanche qui avait alors pour principal M. l'abbé Rousseau. En 1844, il entrait au Grand-Séminaire.

Là, sous la direction intelligente et paternelle de M. le chanoine Charles Fillion, son futur évêque, qui fut à la fois son confesseur et son professeur, l'abbé Moulinet fit de rapides progrès et prit place au nombre des séminaristes les plus pieux et les plus travailleurs. Toutefois son âge ne lui permettant pas d'entrer dans les ordres avant l'année 1850, ses supérieurs l'envoyèrent comme précepteur, pendant dix-huit mois, au château de la Groierie. Accueilli avec une grande bienveillance par M. et Mme de Grandval, il sut bientôt se concilier les sympathies de tous, et, de son côté, il devait retirer un réel profit de ce séjour dans une famille aussi hospitalière que chrétienne, qui lui permit de perfectionner ses études, de compléter son éducation et d'acquérir quelque expérience.

Rentré au Séminaire, M. l'abbé Moulinet se prépara, avec un pieux empressement, à recevoir les Ordres sacrés. Tonsuré le 18 mars 1848, sous-diacre le 23 décembre de la même année, diacre le 2 juin 1849, il fut ordonné prêtre le 25 mai 1850 dans l'Eglise-Cathédrale du Mans, par Mgr Bouvier. Quelques jours après, il était nommé vicaire de Laigné-en-Belin, au doyenné d'Ecommoy.

La paroisse de Laigné, l'une des plus religieuses du diocèse, avait alors pour curé un vétéran du sacerdoce, M. l'abbé Poirier, que ses paroissiens entouraient d'une profonde estime. Avec un tact parfait, le jeune vicaire sut s'effacer devant son vieux curé, tout en le secondant activement. Par là même il conquit l'affection générale, et les six années qu'il passa à Laigné demeurèrent exclusivement consacrées au bien des âmes et à l'exercice du ministère paroissial. Dès cette époque, d'ailleurs, l'abbé Moulinet se révèle comme un travailleur infatigable et un prêtre des plus consciencieux. Il prend, entre autres, l'excellente habitude d'écrire ses moindres sermons, habitude qu'il conservera toute sa vie et qui nous prouve son extrême désir de bien faire.

Un tel début dans la vie sacerdotale devait avoir sa récompense. Le 4 juillet 1856, M. l'abbé Moulinet était appelé à un poste plus important et nommé vicaire de Saint-Calais.

A peine arrivé dans cette ville, sous la direction prudente du vénérable archiprêtre, M. l'abbé Toury, M. Moulinet justifia pleinement les espérances qu'on avait conçues. Le bien qu'il eut occasion d'accomplir, des occupations plus nombreuses, et bientôt l'estime dont il fut entouré, l'attachèrent à sa nouvelle paroisse sans lui faire oublier ses amis de Laigné. Aumônier de la prison, directeur de l'Œuvre de la Sainte-Enfance, il ne cessa de prodiguer autour de lui des soins empressés et une charité inépuisable. Les neuf années de son vicariat à Saint-Calais furent même d'autant plus fécondes que son expérience, et par suite son influence, croissaient avec l'âge et la pratique du ministère. Très apprécié de M. l'abbé Richard, qui avait succédé en 1858 à M. Toury, estimé de tous ses confrères, M. l'abbé Moulinet s'était créé à Saint-Calais une situation particulièrement honorable, lorsque Mgr Fillion l'appela tout-à-coup à la cure de Douillet-le-Joly.

II

Dirigée depuis deux siècles par des ecclésiastiques distingués, au premier rang desquels il faut citer M. Anthyme Denis Cohon, plus tard évêque de Nîmes, la paroisse de Douillet, du doyenné de Fresnay, pouvait être comptée au nombre des meilleures paroisses rurales de la Sarthe. Le sentiment religieux, soigneusement entretenu, pendant trente-huit ans, par les efforts d'un saint prêtre, M. l'abbé Ripault, y avait conservé une grande vigueur, et l'attachement des habitants à leur pasteur y était devenu traditionnel. D'autre part, Douillet avait l'honneur d'être le pays natal de M. l'abbé Pierre-Antoine Dubois, vicaire-général, l'un des administrateurs les plus éminents du diocèse. Ces diverses considérations donnaient, en quelque sorte, à la paroisse, le droit d'attendre un curé d'un mérite réel, et M. l'abbé Dubois, désireux de répondre aux légitimes espérances de ses compatriotes, avait obtenu pour eux M. l'abbé Moulinet, dont les solides qualités et la régularité parfaite lui étaient bien connues.

Conformément aux traditions de la paroisse et au désir de M. Dubois, on fit au nouveau curé « un accueil des plus bienveillants et des plus délicats ». Le maire et l'adjoint allèrent le chercher en voiture à Fresnay, et la cérémonie d'installation eut lieu le lendemain, dimanche 18 juin 1865, sous la présidence de M. l'abbé Richard, archiprêtre de Saint-Calais, qui avait tenu à donner cette nouvelle preuve d'intérêt à son ancien vicaire. Dans son discours de prise de possession, M. Moulinet sut d'ailleurs montrer le zèle qui l'animait, « en offrant avec bonheur toute son affection, tout son cœur, tout son dévouement, sa vie même pour le salut des âmes de ses paroissiens ». Le bon pasteur, hélas ! devait tenir sa parole, et la suite de cette notice montrera qu'il est mort victime de ces promesses solennelles. — Après la cérémonie, le Conseil municipal et le Conseil de fabrique se réunirent au presbytère, et, dès cette première journée, tous furent unanimes pour accorder au nouveau venu « les meilleurs et les plus complets suffrages ».

Encouragé par cet heureux début, M. l'abbé Moulinet se mit aussitôt à l'œuvre, tant au point de vue temporel qu'au point de vue spirituel. Il fit terminer les bancs de son église, enrichit la sacristie de plusieurs ornements, et entreprit une série d'améliorations urgentes au presbytère. En même temps il établit un catéchisme de persévérance pour les jeunes filles, fit prêcher une retraite préparatoire à l'Adoration perpétuelle, donna le scapulaire à un grand nombre de fidèles, et s'efforça, comme il l'avait promis, d'entretenir tous les éléments de bien qui existaient à Douillet, en les développant sans cesse.

La malheureuse guerre de 1870 vint entraver ces pieux efforts. Par contre, elle permit aux habitants de mieux apprécier le patriotisme et la charité de leur curé. Tout d'abord, atterré par la nouvelle des premiers désastres, M. Moulinet gémit sur les malheurs de la Patrie, mais sans désespérer jamais. Aussi, avec quelle joie enregistre-t-il, dans ses *Chroniques paroissiales*, la victoire de Coulmiers ! Avec quel patriotique orgueil ajoute-t-il : « Les mobiles de la Sarthe « se sont particulièrement distingués et ont été portés à « l'orlre du jour de l'armée » ! Hélas ! les jours de deuil reviennent presque aussitôt ; le département est envahi, et après le désastre du Mans, le 14 janvier 1871, le bourg de Douillet est traversé par une partie de la deuxième division du 21e corps, qui oat en retraite sur la Mayenne. La soirée, la nuit et toute la journée du lendemain offrent un navrant spectacle ; les chemins sont couverts de jeunes soldats épuisés de fatigue, mourants de froid et de faim, dont plusieurs, à bout de forces, sont recueillis dans les maisons du village. Pour sa part, l'abbé Moulinet donne l'hospitalité à un sergent des mobiles d'Eure-et-Loir, Arthur Mouche, qui a les pieds complètement gelés. Il le gardera au presbytère *trois mois et demi;* puis, à force de soins et de pansements « *répétés deux fois par jour pendant des heures entières* », il sera assez heureux pour éviter à son cher blessé les craintes d'une amputation. — Ce long dévouement eut, il est vrai, une récompense bien douce et bien rare ici-bas. M. Mouche sut témoigner à son sauveur une reconnaissance aussi chaleureuse que fidèle, et jusqu'à la mort du bon curé, il lui prouva, par les attentions les plus délicates, que ses soins dévoués avaient conservé à la Patrie un excellent cœur.

Mais, si funeste que furent les événements de l' « année terrible », ils ne pouvaient arrêter longtemps le zèle ardent de M. l'abbé Moulinet. Dès que le calme fut rétabli, il reprit avec confiance les projets interrompus, et bientôt commença pour la paroisse de Douillet une sorte de renaissance.

III

Depuis son arrivée, M. Moulinet n'avait cessé de rêver une reconstruction, au moins partielle, de sa vieille église que l'irrégularité du plan, œuvre de plusieurs siècles, rendait fort incommode. Grâce à l'appui bienveillant de la municipalité, toujours empressée de favoriser les travaux utiles, au concours dévoué des habitants, aux secours de l'Etat et du Département, il parvint, en 1873, après de nombreuses démarches, à réunir les ressources suffisantes pour reconstruire le chœur et le transept. Commencés le 27 avril 1874, ces premiers travaux furent terminés à la fin de 1875. A ce moment, la Fabrique ayant reçu deux legs importants de M. Duval, ancien habitant de Douillet, et de M. l'abbé Dubois, mort au Mans en 1875, M. l'abbé Moulinet conçut la pensée d'achever l'édifice. Avec une persévérance inébranlable, il sollicita de nouveaux secours, organisa une souscription publique, et soutenu par le louable empressement de ses paroissiens, au premier rang desquels il faut citer l'administration municipale et le maire actuel, M. de Rincquesen, il put reprendre, en 1878, la reconstruction de la nef et du clocher. La première pierre fut bénite solennellement le 18 mars, et dès la fin d'octobre 1879 le monument était terminé.

Toujours infatigable, M. Moulinet s'occupait en même temps de la décoration intérieure, et il était assez heureux pour voir placer successivement dans la nouvelle église *treize* verrières, un nouveau Chemin de la Croix, et une chaire en bois sculpté. D'autre part, le Département, sur la proposition de la Commission des Monuments historiques, venait à son aide en faisant restaurer un curieux tombeau du xive siècle, qu'on avait eu soin de replacer dans la partie neuve de l'édifice.

Dans son ensemble, cette reconstruction de l'église de Douillet fait grand honneur au zèle et à l'activité de M. l'abbé Moulinet. C'est à lui seul qu'en appartient l'initiative, à lui seul qu'en revient le mérite. S'il eut la bonne fortune d'être énergiquement secondé, c'est à sa persévérance qu'il le dut. Pendant dix ans, aucune fatigue ne le rebuta, et cet exemple pouvait seul provoquer dans la population, dans l'administration elle-même, le concours de sympathies qui assura le succès. Aujourd'hui, l'œuvre est pour ainsi dire complète.

Il reste simplement à terminer les sculptures et la sacristie, que le vaillant curé s'apprêtait à reconstruire au moment où la mort est venue le surprendre. Malgré quelques fautes d'architecture, excusées par les circonstances, l'ensemble est très satisfaisant et parfaitement en rapport avec les besoins de la paroisse. Quant au résultat financier, il mérite d'être cité : la nouvelle église de Douillet, *tout entière*, n'a coûté que 46.000 francs, preuve évidente de la sage économie et de l'honnêteté rigoureuse avec lesquelles furent conduits les travaux.

Cependant, cette entreprise considérable, qui eut suffi à absorber bien des esprits, n'empêchait pas M. Moulinet de poursuivre parallèlement d'autres améliorations, utiles à la gloire de Dieu. C'est ainsi que, depuis la guerre, il s'était donné pour tâche de relever toutes celles des anciennes croix que le temps ou la négligence avaient renversées sur le territoire de la paroisse. Chacune d'elles, après sa restauration due à la générosité des fidèles, était bénite solennellement, et de ce pieux usage résulta une longue série de cérémonies aussi édifiantes qu'avantageuses au progrès spirituel des habitants. Inaugurée en 1872, par l'érection d'une statue de saint Joseph dans le vallon de Courtoussaints, continuée par le rétablissement successif des croix de la Tasse, du Fléchin, de la Bâte, des Sablonnais et de la Chalonnière, cette œuvre de foi et de piété se distingue surtout par la restauration du calvaire qui domine le bourg. L'ancien calvaire en bois, élevé en 1843, avait été renversé par une tempête en 1879. M. Moulinet trouva moyen, malgré les dépenses précédentes, de le remplacer, en 1884, par un magnifique calvaire en granit d'Alençon, du prix de 1.500 francs. A sa grande joie, la population souscrivit, cette fois encore, pour une somme de 800 francs, et le Conseil municipal, se souvenant que Douillet était une commune catholique, vota *à l'unanimité* une subvention importante.

IV

Au point de vue purement spirituel, le zèle de M. l'abbé Moulinet était non moins grand. D'une austérité bien rare dans sa vie intime, d'un attachement extrême aux devoirs de son état, il ne négligeait aucun des côtés du ministère paroissial. Prédications fréquentes et consciencieuses, en dépit des fatigues ou des maladies, pèlerinages annuels au sanctuaire vénéré de Saint-Michel-de-la-Courbe, à Sainte-Avoie et à Notre-Dame du Chêne de Connée, retraites, missions du carème, en un mot, tous les moyens propres à entretenir le sentiment religieux, étaient employés par lui avec une généreuse ardeur.

Aussi, quelque vifs que fussent, d'autre part, ses chagrins et ses préoccupations, il éprouvait toujours un moment de bonheur lorsque ses paroissiens, répondant à ses efforts, assistaient en grand nombre à un office ou se distinguaient par un acte de foi. Avec quelle joie ne vit-il pas successivement trois enfants de la paroisse célébrer leur première messe dans son église, et prendre rang au nombre des prêtres les plus justement estimés du diocèse ! (1). Avec quelle patience ne tenta-t-il pas d'encourager des vocations nouvelles ! Avec quelle légitime fierté écouta-t-il les bienveillantes appréciations de Mgr d'Outremont, venu à Douillet en 1877 et 1882, administrer le sacrement de Confirmation, et heureux de témoigner ses sympathies à une religieuse paroisse que Mgr Bouvier et Mgr Fillion avai nt déjà honorée d'un intérêt tout particulier !

Les efforts apostoliques de M. l'abbé Moulinet, il est vrai, ne devaient pas rester infructueux. Fermement attachés à la religion de leurs pères, les habitants de Douillet, groupés autour de leurs autorités, montrèrent à plusieurs reprises une foi vive. Il nous suffira de rappeler la mémorable céré-

(1) M. l'abbé Breteau, mort curé de Meurcé en 1883. — M. l'abbé Roulin, curé de Congé-des-Guérets. — M. l'abbé Dessartre, vicaire à Crosmières, l'élève bien-aimé et le légataire universel de M. l'abbé Moulinet.

monie funèbre du 11 février 1874, à l'occasion de la translation des ossements de l'ancien cimetière, l'enthousiasme qui accueillit Mgr d'Outremont en 1877, et le pieux empressement avec lequel furent suivis les exercices de la mission, prêchée pendant le carême de 1884, par le R. P. Miché, de l'Ordre des Dominicains. Ce furent là, pour M. Moulinet, de précieux dédommagements qui lui laissèrent, jusqu'à sa mort, de consolants souvenirs.

Du reste, le curé de Douillet n'était pas seulement dévoué aux âmes de ses paroissiens, il s'empressait, en outre, de leur être utile ou agréable en toutes circonstances. Aux ouvriers, il montrait sa sympathie en donnant une solennité exceptionnelle à la messe de la Bonaventure, fête patronale des tisserands, et en préparant l'accueil le plus cordial aux ouvriers du Cercle catholique d'Alençon, venus en promenade à Douillet ; aux malades, il prouvait sa compassion par des visites fréquentes, dans lesquelles il s'efforçait de les distraire tout en exhortant leur patience ; ces visites, il les prolongera jusqu'à épuisement complet, et, dans les derniers mois de sa vie, il faudra le ramener en charrette, à moitié mort de fatigue et de froid A tous ceux enfin qui avaient recours à lui, il rendait service généreusement sans jamais se craindre de sa peine.

Qu'il nous soit permis, à cette occasion, de raconter une anecdote dont M. Moulinet fut le héros, et qui mérite, à beaucoup de titres, d'être conservée.

Par une distraction inexplicable, le Conseil de révision du canton de Fresnay avait déclaré propre au service militaire un jeune homme de Douillet atteint d'une maladie de poitrine très avancée. Au moment de l'appel, le pauvre malade était hors d'état de rejoindre un régiment et demandait, comme une faveur suprême, la consolation de mourir chez ses parents. La famille désolée s'adresse au curé, seul protecteur dont elle puisse invoquer l'appui... M. Moulinet n'hésite pas. En plein mois de janvier 1875, par un temps affreux, malgré le froid, malgré la neige, il part pour Le Mans, fait trois lieues à pied dans des chemins défoncés, et amène directement son protégé au général Deligny qui commandait alors en chef le 4ᵉ corps d'armée.

D'un coup d'œil le général juge la situation. Avec sa franchise de soldat, il laisse échapper un mot peu flatteur pour le chirurgien qui a accepté le malheureux jeune homme; puis, frappé de la démarche de ce curé de campagne, dont la soutane, quelque peu rapée, est couverte de boue et de neige, il introduit l'abbé dans son cabinet, et là, au coin du feu, il lui fait raconter son voyage. Le brave général n'était pas « dévot », mais il était bon juge en matière de dévouement. Découvrant vite dans ce visiteur inattendu un prêtre aussi zélé qu'intelligent, il lui fait un accueil des plus sympathiques, le félicite de son attachement à ses paroissiens, lui parle longuement des fatigues du ministère et lui expose même, à sa façon, quelques doctrines théologiques. Bref, le général et le curé se quittèrent enchantés l'un de l'autre. Grâce à une note du général en chef, le jeune homme, après un séjour de deux semaines à l'hôpital du Mans, fut réformé et revint mourir paisiblement à Douillet. Quant au curé, il rentra le soir chez lui, exténué de fatigué, mais heureux d'avoir accompli son devoir et rendu un nouveau service.

Le général Deligny n'oublia pas le curé de Douillet. Un jour, dans un grand dîner qui réunissait à sa table les officiers de l'état-major général, il raconta la visite qu'il avait reçue, rendit un juste hommage au dévouement de l'abbé Moulinet, et termina son récit par cette apostrophe émue : « Quel est celui d'entre vous, Messieurs, qui en ferait « autant que ce curé de campagne? »

V

Mais, de toutes les questions peut-être qui préoccupèrent M. Moulinet dans le cours de sa vie sacerdotale, la plus importante à ses yeux, ce fut toujours l'éducation chrétienne des enfants. Dès les premières années de son ministère, il s'était occupé avec un soin extrême des catéchismes, organisant partout de pieuses confréries ou des catéchismes de persévérance pour les jeunes filles. A Douillet surtout, il revenait sans cesse, dans ses instructions, sur ce sujet capital, suppliant les parents et les maîtres de lui envoyer régulièrement leurs enfants, redoublant d'efforts pour les instruire et leur enseigner leurs devoirs envers Dieu, la famille et la Société.

L'application dans sa paroisse des nouvelles lois sur l'enseignement primaire fut pour lui une vraie douleur. Toutefois, sans se laisser ni effrayer, ni décourager, il résolut de rémédier au mal dans la mesure du possible. Dès que l'instituteur, au grand regret de la population entière, reçut l'ordre de cesser la prière et l'enseignement du catéchisme, M. Moulinet, avec l'aide de plusieurs personnes charitables, loua une chambre dans une maison du village, située près de l'école. Là, il réunissait chaque matin, une demi-heure avant la classe, les enfants de la paroisse, leur faisait réciter lui-même la prière et leur posait quelques questions de catéchisme. L'intérêt qu'il leur témoignait, les distractions ou les plaisirs qu'il leur procurait de temps à autre, lui concilièrent bientôt la vive affection de ses petits écoliers. C'était un spectacle charmant, l'hiver surtout, alors que la neige couvrait la terre, de voir cette foule d'enfants groupés autour de leur curé, auprès d'un bon feu d'épines, sèchant leurs sabots et riant de tout leur cœur. En se substituant ainsi à l'instituteur, en créant pour ainsi dire, avec une persévérance sans égale, une école religieuse à côté de l'école athée, M. Moulinet parvint à éviter à Douillet les tristes conséquences de la loi du 28 mars 1882. Il conserva toute son influence sur les enfants, gagna leur amitié, et conquit par ses soins paternels la reconnaissance des parents eux-mêmes.

Inutile d'ajouter que le Conseil municipal, représentant fidèle de la population, avait élu M. l'abbé Moulinet membre de la Commission scolaire.

Ce dévouement absolu à « ses devoirs professionnels », l'affection profonde qu'il portait aux âmes, l'autorité de sa vie et la dignité de son caractère, méritèrent au curé de

Douillet l'estime de tout le pays. Les adversaires les plus acharnés du sentiment religieux étaient forcés, eux-mêmes, de le respecter, et, malgré leurs basses rancunes, ils restaient désarmés devant ce prêtre aussi zèlé que correct.

l.'ambition, levier si puissant à l'heure actuelle, n'avait d'ailleurs aucune prise sur M. l'abbé Moulinet. Il refusa une cure importante pour rester fidèle à cette paroisse de Douillet qu'il avait adoptée, et il rit bien franchement des craintes amusantes que causa, à certains hommes du voisinage, le bruit de sa nomination au doyenné de Fresnay.

L'influence spirituelle de l'abbé Moulinet n'était pas, pour cela, restreinte aux limites étroites de la commune. Il comptait beaucoup d'amis au chef-lieu de canton, et tout le monde se rappelle qu'il eut l'honneur et la joie de ramener à Dieu l'excellent docteur Hatton, le sympathique conseiller général de Fresnay, dont le souvenir demeure toujours vivant dans la contrée.

Ce fut donc avec une peine profonde, qu'au commencement de février, les habitants de Douillet apprirent les progrès inquiétants d'une maladie, aggravée chez leur courageux pasteur, par les fatigues des fêtes de Noël et les excès du zèle sacerdotal. Jusqu'à la dernière heure, M. l'abbé Moulinet conserva sa présence d'esprit, et, comme un vaillant soldat, il vit venir la mort sans faiblir. Malgré de cruelles souffrances, il n'oublia personne, témoigna à tous le plus touchant intérêt, exprimant ses regrets de n'avoir pu terminer son église, et bénissant « sa chère paroisse ». La scène de l'Extrême-Onction fut particulièrement émouvante. Il voulut recevoir ce grand Sacrement à genoux sur le pavé de sa chambre, en présence des habitants consternés qui avaient envahi le presbytère.

Dieu enfin eut pitié de ce bon serviteur.

Le dimanche 27 février 1837, M. l'abbé Moulinet expirait dans sa 62ᵉ année, au moment même où ses paroissiens, appelés à la grand'messe par les c oches du village, se pressaient en foule, une dernière fois, sous les fenêtres du presbytère.

La fatale nouvelle jeta la désolation dans tous les cœurs, et les larmes qui coulèrent attestèrent, de la part des fidèles, une profonde douleur et d'amers regrets. C'est qu'en effet il venait de se briser à jamais ce lien intime de Foi, d'Espérance et de Charité qui avait uni, pendant vingt-deux ans, M. l'abbé Moulinet à ses paroissiens, dans la bonne et la mauvaise fortune. Il venait de se briser prématurément, alors que chacun espérait pouvoir compter longtemps encore sur l'appui sans défaillance qu'il leur assurait en tout temps.

Les obsèques furent célébrées le mardi suivant, par M. le doyen de Fresnay, assisté de M. le doyen de Sillé et de M. l'abbé Leveau, chanoine de la Réunion, desservant provisoire de la paroisse, en présence de tous les prêtres du canton et des environs. Une foule considérable de fidèles étaient accourus pour remplir le devoir suprême de reconnaissance envers le regretté défunt. Le Conseil municipal, le maire en tête, le Conseil de fabrique et M. Arthur Mouche, ce sergent des mobiles d'Eure-et-Loir, sauvé en 1871 par M Moulinet, étaient aux premiers rangs des assistants Tous accompagnèrent, jusqu'à la dernière demeure, le vénéré Pasteur dont le cercueil était entouré de sa famille ecclésiastique, c'est-à-dire des jeunes prêtres et des séminaristes préparés par ses soins et ses exemples aux rudes devoirs du ministère.

Robert Triger.

Le Mans — Imprimerie Leguicheux et Cie